AF226635

L'ART DE SE FAIRE

UNE OPINION

PAR

ALBERT MARON

PARIS

MAURICE TARDIEU, ÉDITEUR

35, rue de Grenelle, 35

—

1882

L'ART DE SE FAIRE

UNE OPINION

UNE OPINION

PAR

ALBERT MARON

⸺◇⸺

PARIS

MAURICE TARDIEU, ÉDITEUR

35, rue de Grenelle, 35

—

1882

PLAN ET DIVISION

PREMIÈRE PARTIE

IL EST NÉCESSAIRE D'AVOIR UNE OPINION

Chacun est-il obligé par son intérêt personnel d'avoir une opinion?

Poser une pareille question équivaut à demander si le propriétaire ou le rentier peut voir avec indifférence l'avènement d'hommes qui, par des lois fiscales violentes ou téméraires, compromettront sa propriété ou ses revenus;

Si le cultivateur n'a point de préférence pour une répartition des impôts ou une organisation sociale qui lui permettent de recueillir les fruits de son travail;

Si l'industriel ou le négociant ne désire pas le calme et la confiance nécessaires à ses transactions;

Si le citoyen ne tient point aux libertés qui font son honneur et sa sécurité, en même temps que le bonheur et la paix de sa famille.

Dans ces termes généraux, la question est donc toute résolue et ne mérite pas qu'on y insiste; mais il faut la préciser davantage.

*
* *

Non seulement il est nécessaire d'avoir une opinion, mais encore cette opinion doit être nettement formulée.

Il ne manque pas de gens aujourd'hui qui, si vous leur demandez ce qu'ils sont, vous répondront avec assurance : « J'appartiens au grand parti de l'ordre.

— Et qu'est-ce que le grand parti de l'ordre ?

— Celui qui, sans se préoccuper de l'étiquette du gouvernement, défend la religion, la famille, la propriété. »

Ce programme est pour quelques-uns une chimère qui les abuse, pour beaucoup une hypocrisie qu'ils exploitent ; en tout cas, c'est la formule de l'indifférentisme politique.

*
* *

Nous venons de nommer les trois institutions, bases de la société : religion, famille, propriété ; or, c'est la première qui est surtout l'objectif des révolutionnaires contemporains. Elle est attaquée en elle-même par l'expulsion des religieux, la suppression projetée du budget des cultes, et tant d'autres mesures, telles que le service militaire des séminaristes. Elle est attaquée dans la famille par l'instruction laïque et obligatoire, et par les efforts que l'on fait pour écarter Dieu des principaux événements de la vie : la naissance, le mariage, la mort. Elle est attaquée dans la propriété par la violation du domicile des expulsés et les entreprises dirigées contre les biens ecclésiastiques. D'ailleurs toute cette campagne a été entamée et se poursuit au cri caractéristique : « Le cléricalisme, voilà l'ennemi ! »

La question religieuse étant le terrain de l'offensive, se trouve par là même aussi celui de la défense ; voilà pourquoi l'indifférentisme politique des *conservateurs* sans épithète, — mot vide de sens, puisque chacun, fût-ce le plus radical, est conservateur de quelque chose, — se trouve le plus communément chez ceux que préoccupent avant tout les intérêts religieux.

C'est à ceux-là que nous allons nous adresser tout d'abord ; viendra ensuite le tour des politiciens partisans de l'union conservatrice.

CHAPITRE PREMIER

L'action purement catholique.

> « C'est pour les catholiques *un de-*
> « *voir de conscience* d'user de leurs
> « droits de citoyens pour la défense
> « de leurs droits de catholiques. »
>
> Lucien Brun.
> (Discours de Lille, 21 mars 1881.)

Le seul argument que puissent invoquer les partisans de l'action purement catholique, est celui-ci : « L'Eglise, notre autorité souveraine, se désintéresse des formes de gouvernement; elle les admet toutes. » Les autres raisons invoquées par eux sont empruntées à la théorie de l'union conservatrice; bornons-nous donc pour le moment à réfuter le sophisme que nous venons de formuler.

Le sophisme consiste dans une confusion indûment établie entre la doctrine de l'*Eglise universelle* et les devoirs des catholiques *d'un pays déterminé*.

Le Pape est obligé d'accepter également les

Royaumes, les Républiques et les Empires, et d'entretenir auprès de ces régimes divers des représentants qui travaillent à maintenir la liberté du culte et l'orthodoxie de la doctrine ; mais les citoyens ou les sujets de chaque pays peuvent et doivent, sous peine de lèse-religion en même temps que de lèse-patrie, travailler au maintien ou à la restauration du régime qui assure leurs libertés religieuses et civiles.

Qu'en thèse générale l'Eglise ne doive pas forcément faire la guerre à la forme républicaine par exemple, nous ne le contestons pas ; mais ce qu'il y a de certain, c'est que partout la lutte existe entre le Droit et le fait révolutionnaire, et qu'il n'y a pas de trêve ni d'alliance possible entre les bons citoyens et les catholiques, champions obligés du Droit, et le fait révolutionnaire, négation et violation de ce même droit. Or, en France, le Droit c'est la monarchie nationale, nous le démontrerons dans la deuxième partie de ce travail ; et le fait révolutionnaire, c'est la République.

Si la religion et la monarchie ne sont pas solidaires en principe, elles le sont en fait dans notre pays ; et c'est donc une confusion sophistique de vouloir appliquer une formule générale à une situation toute particulière.

*
* *

Nous ne demandons pas au Vatican de consa-
crer la théorie monarchiste ; nous voulons seulement qu'en France les catholiques ne se re-
tranchent pas derrière la neutralité du Vatican
et consentent à se souvenir qu'ils sont Français ;
or, en France, il n'est d'autre régime que la monarchie légitime pour sauvegarder les intérêts
religieux, comme tous les autres intérêts conservateurs.

*
* *

Dire que l'Eglise entretient des relations avec
les gouvernements de fait, et en conclure qu'en
France les catholiques doivent imiter cette réserve, c'est professer la loi païenne du *Vœ victis*,
la théorie bismarkienne du *Beati possidentes*, et
l'axiome immoral : « La force prime le droit. »

*
* *

Ce qui précède se ressent peut-être un peu de
la subtilité scolastique ; un fait va tout éclairer.
Le Pape, en tant que chef suprême de l'Eglise
universelle, admet toutes les formes de gouvernement et entretient des relations avec les gouvernements de fait ; mais en tant que souverain
temporel, ou que simple citoyen de l'Etat, si la
Révolution l'a dépouillé, il ne professe plus la
même indifférence.

Pie IX, de glorieuse et vénérée mémoire, écrivait dans l'Encyclique du 19 janvier 1861 :

« Nous ne pouvons renoncer aux provinces de « l'Emilie soumises à Notre autorité, sans violer « les serments solennels qui Nous lient, sans sus- « citer des troubles et des agitations dans Nos « autres provinces, sans porter préjudice à tous « les catholiques ; enfin, Nous ne le pouvons sans « affaiblir les [droits non seulement *des princes* « *d'Italie qui ont été injustement dépouillés de* « *leurs Etats,* mais encore de tous les princes « de l'univers chrétien qui ne peuvent voir avec « indifférence s'introduire *certains principes.* »

Et nous trouvons dans le discours adressé en 1881 par Léon XIII aux employés de l'ancien gouvernement pontifical, ces remarquables passages :

« A la joie que Nous causent votre hommage et « les nobles, les très nobles paroles que vous « Nous adressez, se mêle un sentiment doulou- « reux qui vient du souvenir des jours moins mal- « heureux que ceux-ci, quand, en bons et fidèles « sujets, vous rendiez chacun dans vos fonctions « d'honorables services à *votre prince légitime.* « .... Vous devez voir par là, très chers fils, « combien est difficile et dure la condition dans « laquelle la *Révolution* a mis le Pontificat « romain, et combien sont vaines les illusions de « ceux qui parlent de la *possibilité d'une adhé-* « *sion de Notre part* à un pareil état de choses.

« Nous Nous rappelons toujours Nos devoirs, et,
« sachant ce qui importe au bien et à la dignité
« du Pontificat romain, *Nous n'acquiescerons*
« *jamais* à l'état de choses actuel et *Nous ne*
« *cesserons jamais* comme Nous n'avons jamais
« cessé jusqu'à présent, de réclamer tout ce qui
« a été enlevé au Siège apostolique. »

Ainsi donc, ces deux grands Papes nous
donnent l'exemple : ils acceptent en thèse générale
tous les gouvernements de fait, mais ils nous
montrent en même temps qu'il n'y a dans chaque
pays qu'un seul régime légitime ; et chez eux ils
se déclarent hautement *légitimistes*.

C'est que l'Eglise est *légitimiste,* parce qu'elle
veut l'observance de la *loi* suprême qui est la
volonté de Dieu ; or, Dieu a manifestement insti-
tué la France pour vivre en monarchie ; et toutes
les fois que la monarchie légitime a été déposs-
sédée, les droits de Dieu ont été les premiers
méconnus.

*
* *

Il est impossible d'agiter cette question de
l'*Eglise et de la légitimité,* sans parler du beau
travail écrit sur ce sujet par notre éminent con-
frère de l'*Etoile* d'Angers, l'un des journaux où
l'on est toujours assuré de trouver sur toutes
questions la pureté et la solidité de la doctrine.
Voici en substance la théorie développée par
M. G. Véran :

« En thèse générale, l'Eglise n'est ni républi-

« caine, ni royaliste, ni parlementaire ; l'Eglise
« n'impose à la raison des peuples aucune forme
« spéciale de gouvernement ; elle respecte la li-
« berté et le génie particulier des nations... Mais
« s'il est vrai, comme le disent les grands au-
« teurs que nous avons cités, qu'aucune forme
« de gouvernement n'a été donnée par Jésus-
« Christ aux divers peuples de la terre, il est
« vrai aussi que, sur la question dogmatique de
« l'obéissance intime à la puissance légitime,
« ordonnée de Dieu, c'est-à-dire conforme aux
« lois fondamentales, constitutives de chaque
« peuple, il est vrai, absolument vrai, que l'E-
« glise se prononce ouvertement et positivement
« au nom de la loi morale qu'elle a reçu pour
« mission de garder. — L'Église n'est ni républi-
« caine, ni royaliste, ni parlementaire, l'*Eglise*
« *est légitimiste. Elle ordonne, sous peine d'ana-*
« *thème et de condamnation, de respecter ce*
« *qui est légitime, ce qui est de droit, ce qui est*
« *juste, ce qui est de l'ordre de Dieu.*

« L'Eglise est la gardienne de la vérité ;
« aucune vérité morale ne peut être étrangère
« au catholicisme, ne peut être indifférente à
« l'Eglise.

« La légitimité est une vérité morale univer-
« selle, applicable à tous les temps et à tous les
« peuples ; cette vérité morale repose sur cet
« article du Décalogue : « Tu ne déroberas pas. »
« Elle repose sur le précepte évangélique qui dit
« de rendre à chacun ce qui lui est dû : à César
« ce qui est à César, à Dieu ce qui est à Dieu,
« aux peuples ce qui est aux peuples...

« La légitimité étant le règne de la morale
« qui est universelle, il s'ensuit qu'être légiti-
« miste en Suisse, c'est respecter la Constitution
« naturelle de la Suisse ; qu'être légitimiste en
« Angleterre, en France, comme aux Etats-Unis,
« c'est respecter le droit national, la loi consti-
« tutive des droits de l'autorité et de la liberté
« du peuple chez ces diverses nations. »

*
* *

Telle est la doctrine au point de vue dogmatique ; sous le rapport des résultats pratiques
à obtenir, la démonstration n'est pas moins con-
vaincante. Nous en laisserons d'ailleurs le soin
à des hommes qui, par leur science de la politique et leur orthodoxie incontestée, méritent
toute créance.

C'est d'abord M. de Mun qui, ayant fait ses
premières armes dans les œuvres purement catholiques dont il est demeuré le plus brillant
défenseur, a pleine autorité quand il proclame
l'insuffisance des comités qui se confinent dans
l'action religieuse.

« Sans doute, — disait-il dans son discours de
« Vannes, — la France chrétienne, la France hon-
« nête a protesté par d'admirables résistances
« contre la tyrannie qui la presse ; et je ne sais
« rien de plus beau, de plus fortifiant que cette
« lutte entre la conscience et le despotisme, que
« cette nation qui défend son âme contre l'escla-
« vage, qui se dérobe avec de superbes révoltes
« au joug qu'on lui propose, et qui, sentant sur

« son épaule la main de ses vainqueurs, se re-
« dresse courageusement, s'enveloppe dans son
« honneur, et s'écrie, comme cet orateur de
« Rome au tyran qui le menaçait : « Quand tu
« m'arracherais la langue, mon âme, restée
« libre, de son souffle seul repousserait ta vio-
« lence ! » (Bravo ! — Applaudissements pro-
« longés.) Je ne sais rien de plus beau que ces
« protestations qui se multiplient sans cesse
« depuis deux ans ; rien de plus beau que ces
« juges qui demeurent jusqu'au dernier jour,
« sous l'épée qui les menace, fièrement drapés
« dans leur indépendance ; rien de plus beau que
« ces trois cents magistrats qui déposent leur
« toge pour ne pas courber leur front ; rien de
« plus beau que ces sacrifices constants, ces
« dévouements infatigables qui donnent à la
« défense religieuse du pays ses ressources et ses
« serviteurs ! Cette lutte, messieurs, cette pro-
« testation de tous les catholiques, de tous les
« hommes de liberté contre le despotisme révo-
« lutionnaire, il faut qu'elle continue sans trêve
« et sans repos : c'est le devoir, c'est l'honneur,
« c'est le moyen de faire hésiter les persécuteurs,
« d'entraver leur marche, de retarder enfin,
« autant que possible, l'exécution de leurs
« desseins.

« Mais je suis ici pour vous dire, parce que
« c'est ma conviction, que ce n'est pas assez...

« ...Messieurs, je n'ai jamais compris l'indif-
« férence politique. Je sais très bien, et tous les
« catholiques savent avec moi que, si la soumis-
« sion à la loi divine est la condition essentielle

« qui s'impose à tous les gouvernements hu-
« mains, Jésus-Christ n'a pas cependant dicté
« aux nations chrétiennes la forme de leur cons-
« titution politique, et que c'est là une question
« libre au-dessus de laquelle l'Eglise demeure
« immuable dans sa constitution divine. Si l'in-
« différence politique était là, s'il s'agissait d'une
« thèse aussi manifeste pour un esprit chrétien,
« je n'en parlerais que pour y souscrire. Je
« dirai davantage : si l'indifférence politique
« n'était que la préoccupation exclusive, chez
« ceux qui en ont la garde, d'intérêts sacrés plus
« hauts que les intérêts humains, je n'élèverais
« pas la voix pour la condamner. Mais ce n'est
« pas là, ce n'est pas dans cette affirmation d'un
« principe certain, dans ce sentiment d'un devoir
« supérieur, qu'est l'indifférence politique : elle
« est dans cette erreur pratique, qui, s'appli-
« quant à un pays déterminé, y tient tous les
« gouvernements pour également bons ; elle est
« dans *cette insouciance qui les accepte tous*
« *par une défaillance coupable*, et qui se ré-
« fugie dans le chimérique espoir de trouver des
« expédients pour en tirer parti. » (Discours de
Vannes du 8 mars 1881.)

C'est ensuite un publiciste de la meilleure école,
M. Eugène Veuillot, qui porte avec honneur le
plus grand nom de la presse contemporaine :

« Ayant, comme citoyens, des droits politiques
« à exercer et des devoirs à remplir ; voulant,
« comme catholiques, et *catholiques avant tout,*

« assurer la liberté de l'Eglise, nous devons
« chercher à établir le gouvernement qui, sous
« ce double rapport, peut seul en France, au
« point où nous en sommes, nous donner satis-
« faction ; nous devons donc dire avec M. de Mun :
« *Dieu et le Roi.* »

(L'*Univers,* du 20 mars 1881.)

C'est encore un savant professeur, un écrivain
dont les publications projettent toujours une si
vive lumière sur les questions du jour :

« ..... Que les catholiques n'aient point à se
« préoccuper des conditions politiques, qu'il
« doive leur être indifférent de vivre sous un
« pouvoir révolutionnaire ou sous un pouvoir
« chrétien, sous une constitution qui fasse la
« guerre à Dieu ou sous une constitution qui lui
« rende hommage, sous un régime qui recon-
« naisse et consacre leurs droits ou sous un
« régime qui les menace ou les nie, cela, redi-
« sons-le, est absolument faux et chimérique
« dans le sens propre du mot chimère. Les chi-
« mères ont leur habitation ordinaire dans les
« nuages et dans ce qu'on appelle les espaces
« imaginaires. Ne vit-on pas dans ce pays-là,
« quand on se persuade que les intérêts religieux,
« qui sont les premiers des intérêts sociaux,
« resteront hors d'atteinte quelles que soient les
« conditions où la société elle-même sera placée
« par les principes, l'esprit, les procédés des
« pouvoirs qui les gouvernent ? » (*La Solution,*
par A. de Margerie.)

2*

Enfin, car il faut nous borner, c'est un juris-
consulte émérite, un éloquent avocat, qui jouit
d'un renom mérité parmi ces catholiques du
Nord, l'exemple et l'honneur de la France chrétienne tout entière :

« *Certains esprits craintifs·conseillent quel-*
« *quefois aux catholiques de se désintéresser*
« *de la politique.* Est-ce donc que les règnes
« d'un Constantin, d'un Charlemagne, d'un saint
« Louis ont été indifférents à l'Eglise ? Ne pro-
« fitera-t-on jamais des leçons si cruelles que
« donnent les événements? La franc-maçonnerie
« veut détruire le règne de Notre-Seigneur
« Jésus-Christ dans ce monde. Que fait-elle ?
« Commence-t-elle par s'attaquer à l'Eglise, au
« risque d'avoir à lutter en même temps contre
« l'Etat ? Jamais elle n'a commis cette faute. Son
« premier soin est de s'emparer du pouvoir. Pour
« cela, elle ne néglige rien : les faux principes
« habilement jetés dans la société, les idées de
« tolérance et de liberté habilement exploitées ;
« elle se fait courtisane au besoin pour mieux
« tromper les princes, et se couvre même du
« masque de la dévotion, si elle y voit son profit,
« jusqu'au jour où, *maîtresse du pouvoir, elle*
« *tourne contre l'Eglise la force publique, que*
« *la politique a laissé imprudemment tomber*
« *entre ses mains.*
« Méditons cette leçon, retenons cet exemple,
« et comprenons que la *détention du pouvoir*
« *civil* donne une force considérable pour le bien
« comme pour le mal. Si donc, nous qui sommes

« non seulement chrétiens, mais citoyens d'un
« Etat, nous voulons combattre avec succès nos
«adversaires, servir utilement la cause de
« l'Eglise et restaurer dans notre patrie le règne
« de Notre-Seigneur Jésus-Christ, *n'ayons pas*
« *la naïveté de nous désintéresser de la poli-*
« *tique ;* et puisque, grâce à Dieu, la constitution
« est révisable, travaillons tout d'abord avec
« toute l'énergie dont nous sommes capables à
« ramener le roi sur le trône de France. » (Gus-
tave Théry, *De la juridiction administrative.*)

Ainsi donc, un double et impérieux motif
oblige les catholiques à sortir de l'action purement religieuse.

Il y a pour chaque nation un ordre providentiel,
en dehors duquel tout autre régime est la violation de l'ordre établi par Dieu. Un catholique
doit chercher quel est ce régime, et en préparer
l'avènement.

Le seul moyen pratique de témoigner son
dévouement à la cause religieuse, c'est de pro-
curer à son pays des institutions politiques et
sociales qui peuvent seules donner le libre et
tranquille exercice du culte et de l'enseignement
chrétiens.

Il est encore une considération qui mérite de
fixer les esprits.

A vouloir prôner pratiquement en France la
maxime, vraie en général, que l'Eglise ne ré-

prouve aucune des formes de gouvernement, les catholiques s'exposent à justifier l'allégation dont le *XIXe Siècle* s'est fait l'organe, au nom de la presse athée, à savoir que l'Eglise n'a pas de principes mais seulement des intérêts ; ils se font également solidaires de cette autre calomnie du même journal, qui prétend que les entreprises de la République contre la religion ou ses ministres, comme l'expulsion des Congrégations, laissent les catholiques indifférents. Voici les deux passages principaux de l'article auquel nous venons de faire allusion :

« La royauté ne peut pas faire sa paix avec la
« République. Elle ne le peut à aucun prix : elle
« n'est rien qu'une doctrine politique. La Répu-
« blique se prolongeant et durant, c'est la ruine
« des espérances du prince et de ses partisans.
« Ils lui font donc une guerre résolue, acharnée,
« d'autant plus implacable qu'elle est, tout le
« monde le sent bien, la lutte suprême.

« L'Eglise au contraire... l'Eglise sans doute
« aimerait mieux voir rétablir en France la
« monarchie légitime qu'y voir la République,
« comme elle eût mieux aimé naguère y voir la
« monarchie légitime que la monarchie de Louis-
« Philippe ou le second Empire ; mais on ne fait
« pas toujours ici-bas ce que l'on voudrait faire.
« On mange des merles à défaut de grives, et le
« grand mot de la politique est de subir ce que
« l'on ne peut empêcher, et de tirer du présent
« le meilleur parti possible. Or, l'Eglise dure
« depuis trop de siècles, pour n'être pas très

« bonne politique. Elle a le grand avantage
« d'ailleurs d'être fort bien renseignée par tous
« ses agents, et de voir les choses humaines
« d'assez haut. Quand les fortes têtes du parti
« légitimiste lui parlent de victoire prochaine,
« lui montrent la République vaincue, si l'on fait
« contre elle un dernier effort, l'Eglise hoche la
« tête et sourit des illusions de ses amis. Elle
« sait bien que tout le possible avait été fait en
« 1877, que tout ce possible n'a abouti qu'à une
« lamentable défaite, et que la situation, en 1881,
« est moins favorable encore qu'elle ne l'était
« en 1877. Elle s'est assez compromise alors ;
« elle n'a pas envie de se compromettre encore
« et davantage. Puisque la République dure et
« durerait malgré elle, elle ne demande qu'à
« faire sa paix avec la République, comme elle
« l'a faite jadis avec Louis-Philippe et Napo-
« léon III.

« Elle n'a point de principe qui l'en empêche... »

(*XIXe Siècle*, du 28 mars 1881.)

Il ne se trouvera pas de catholiques au cœur
assez mal placé pour fournir de pareilles armes
contre l'Eglise, et tous concluront généreuse-
ment avec le R. P. Félix, l'une des gloires de la
chaire chrétienne de ce temps :

« L'heure est venue de déployer tout son dra-
« peau, et d'affirmer partout et devant tous la
« vérité religieuse et sociale, et non plus seu-
« lement la vérité partielle, mais la vérité totale,

« *Il faut en finir avec ces opinions moyennes et*
« *surtout avec ces conciliations mal avisées qui*
« *tournent toujours plus ou moins au profit de*
« *l'erreur et au triomphe du mal.* Le radica-
« lisme de la négation ne peut être vaincu que
« par le radicalisme de l'affirmation.

  « Royalistes comme le Roi, catholiques comme
« le Pape, voilà qui est clair, loyal et noblement
« fier... Quels que puissent être les mauvais
« jours qui nous restent à traverser, soyez-en
« bien assurés, *la victoire définitive n'est pas*
« *douteuse, elle appartient à la pleine affirma-*
« *tion du vrai, et à la complète révolution du*
« *bien.* »

CHAPITRE DEUXIÈME

L'union conservatrice.

Cardinal PIE.

S'il est établi, comme nous croyons l'avoir fait dans le chapitre précédent, que le catholique a l'obligation morale et matérielle de faire choix d'un régime politique pour sauvegarder sa liberté religieuse, il est démontré par là même que le citoyen ne peut davantage se désintéresser de forme du gouvernement pour assurer le libre exercice de ses droits civils.

Si l'indifférentisme, ou, ce qui revient au même, la neutralité politique, sont impuissants à rendre efficaces les revendications religieuses, il en sera de même lorsqu'il s'agira d'assurer la liberté de l'enseignement, l'indépendance individuelle, ou la sécurité de la propriété.

Les raisons qui militent contre les partisans de l'action purement catholique et les tenants de l'union conservatrice sont identiques, par la raison qu'il n'existe pas de différence essentielle entre l'un et l'autre système ; le nom seul a changé. L'*union conservatrice* ayant donné trop complètement sa mesure pour être à même de tromper désormais, fût-ce le moins clairvoyant, on a essayé de lui refaire un nouveau crédit en changeant simplement l'étiquette, et on l'a baptisée *union catholique* ; il y a là un beau mot qui peut séduire certains esprits plus généreux que perspicaces ; mais ceux qui vont au fond des choses ne se laisseront point prendre au subterfuge.

Néanmoins, on entend parfois encore parler d'union conservatrice ; on a été obligé de garder le mot à l'usage particulier de ceux qui se piquent de n'être point cléricaux et qu'offusque le mot de catholique ; c'est pour cette catégorie que nous essaierons de trouver quelques arguments exclusivement laïques.

Voici un axiome qui ne sera contesté par personne : « A toute nation il faut un gouvernement. » Mais alors n'est-il pas absurde de prétendre qu'il importe peu que ce gouvernement repose sur un principe d'ordre ou de confusion, et qu'il soit exercé par des gens honnêtes et capables, ou par des spéculateurs et des aventuriers ?

Aussi les partisans de l'union conservatrice ne vont pas jusque-là ; ils nous disent : « La politique de principes est bonne en théorie ; mais la politique des expédients peut seule donner des résultats. »

Des résultats ? mais lesquels pourrions-nous attendre encore de cette néfaste union conservatrice qui n'a, hélas! que trop fait ses preuves ? M. Thiers autorisé à introduire subrepticement le mot de République dans l'étiquette donnée à son autorité ; le vote de la constitution Rivet instituant le pouvoir personnel de l'homme qui acclimata la République chez un peuple tout disposé à rappeler le roi ; le 24 mai ; le septennat macmahonien ; la constitution de 1875 ; le 16 mai... ont-ils été oui ou non des expédients ? A coup sûr, ce n'était point là de la politique de principes ; en sommes-nous plus avancés aujourd'hui ?

Et sans remonter dans la longue série des habiletés de l'union conservatrice, puisque l'esprit public en France paraît incapable d'un si grand effort, parlons seulement du 16 mai, dont le souvenir n'est sans doute pas encore entièrement effacé.

*
* *

Les royalistes anonymes, les libéraux, les partisans de l'union conservatrice, les habiles, en un mot tous ceux qui reprochent aux hommes de principes leur excès de franchise et leur ignorance de la politique, avaient pour eux et pour leur système de gouvernement toutes les chances de succès. Ils se sont donné cinq mois pour préparer les élections, et ils s'y sont appliqués avec un zèle remarquable ; jamais, au grand jamais, ils ne trouveront des conditions aussi favorables ; ce qui démontre le vice radical et l'impuissance absolue de leur système. A défaut de la logique, les faits ont parlé, et l'expérience est définitive.

*
* *

Quel aveuglement chez des hommes que charge déjà une si lourde responsabilité !

Comme un malade qui, en danger de mort, veut racheter autant qu'il est en lui les folies et les fautes du passé, la France, en 1871, a manifesté hautement la volonté d'en finir avec la Révolution et de rentrer par le Droit dans les conditions normales d'une existence régulière ; les partisans de l'union conservatrice lui ont imposé la Révolution légale.

On sait comment les choses se passèrent.

Les électeurs de 1871, alors que la pression électorale ne pouvait être commodément organisée, nommèrent une Chambre monarchique ; ce n'était apparemment pas qu'ils crussent la République capable de les faire sortir du mauvais pas où les avaient mis l'Empire et le 4 septembre. Cette Chambre monarchique abdiqua entre les mains de M. Thiers et se conforma religieusement au mot d'ordre de cet égoïste : « Ne parlons pas de ce qui nous divise. »

Effrayée du résultat obtenu, l'assemblée monarchique remplaça M. Thiers par le maréchal, elle changea l'homme mais garda le système ; de là le 16 mai, qui ne parla pas, lui non plus, de ce qui nous divise. Cette seconde expérience faite dans les conditions les plus favorables, et par des hommes qui, certes, ne manquaient ni d'intelligence, ni d'habileté, ni de zèle, aboutit à un progrès gigantesque dans la voie révolutionnaire. Quel nouvel essai nous proposez-vous encore ? Et quelle aberration de vouloir recommencer désarmé, ce que l'on n'a pu réussir quand on avait la force en mains !

Aux aventures qui depuis 1871 ont entravé le relèvement de la France, on veut en ajouter de nouvelles ; car prôner l'union conservatrice, c'est donner à entendre à la masse électorale que l'on peut se passer du Droit, représenté en France par la monarchie légitime, pour rétablir l'ordre et assurer l'exercice des libertés nécessaires, c'est dire que nous pouvons attendre notre salut des bonapartistes et des républicains coalisés ; après quoi l'on pourra songer à ramener le Roi, ce qui serait bien inutile si l'on peut si facilement se passer de lui ; c'est trahir sa cause si l'on se dit royaliste, et c'est fermer les yeux aux enseignements de la raison et de l'histoire si on ne l'est pas ; c'est égarer, sciemment ou non, la conscience publique.

En refusant de prononcer même le nom du régime qui seul peut donner la stabilité indispen-

sable au progrès, on le fait oublier, on accrédite
la pensée qu'il est mort ou frappé d'impuissance;
et l'électeur énervé, indécis, retombe dans ce
scepticisme qui fait le triomphe des régimes
révolutionnaires.

***

L'insuffisance de l'union conservatrice n'est
pas seulement démontrée par l'impuissance de
ceux qui l'ont pratiquée; elle ressort tout aussi
visiblement des succès obtenus par ceux qui ont
suivi la tactique opposée. Voyez les républicains: divisés sur mille points, car la République
est bien le régime qui divise le plus; séparés
sur la question du scrutin de liste ou d'arrondis-
sement, des deux Chambres ou d'une Assemblée
unique, et de tant d'autres plus ou moins impor-
tantes, ils se réunissent dans un faisceau com-
pact où se trouvent confondues les nuances les
plus variées, depuis le radicalisme le plus foncé
jusqu'au plus pâle centre-gauche, dès que la
question de gouvernement est en jeu. Tel est le
secret des progrès toujours croissants de la
République.

***

Mais, en dehors de ce point de fait qui con-
damne les partisans de l'union conservatrice sur
le terrain même qu'ils ont choisi, il y a une question de droit qu'il est impossible de négliger.

Le système des coalitions, mis en pratique par

les politiciens dont nous réfutons la théorie, est immoral, parce qu'il tend obligatoirement et uniquement à renverser l'ordre établi, sans être prêt à le remplacer ; il est illogique, parce que chacun des coalisés prend pour allié son adversaire déclaré ; c'est le système du bouleversement perpétuel : en 1869 on se coalise avec les républicains contre l'Empire ; au lendemain du 4 septembre, on se coalise avec les impérialistes contre la République.

*
* *

Ce qu'il y a de plus triste à dire, c'est que ces opportunistes pseudo-conservateurs font des recrues et des dupes jusque dans les rangs du parti royaliste. Que de gens devraient se reconnaître dans ces lignes empruntées au *Journal des Débats :* « Vous dites que vous voulez la royauté, « et vous criez qu'elle est impossible ; vous dites « que vous voulez combattre la République, et vous « proclamez qu'elle est une nécessité fatale. »

Et l'organe républicain conclut :

« On comprend très bien que les vrais royà-
« listes aient fini par trouver que la plaisante-
« rie du fameux ordre moral se prolongeait trop
« et les ajournait au jour du jugement dernier.
« L'ordre moral a eu le gouvernement en 1850,
« et il a produit l'Empire. Il a été le maître au
« 24 mai, et il a produit le septennat qui n'a
« pas vécu, mais qui était destiné à ajourner le
« roi. L'ordre moral a ravagé le pays de fond en

« comble dans la période du 16 mai, et n'a réussi
« qu'à en faire jaillir la République. Dans toutes
« ces occasions, on a dit au roi d'attendre, de ne
« pas se montrer, de ne pas effrayer le pays.
« Comment s'étonner qu'il soit las de se dissimu-
« ler derrière un rideau, et qu'il proteste tou-
« jours contre ces royalistes à faux nez qui le
« reconduisent toujours jusqu'à sa chambre à
« coucher en lui disant qu'il sent la fièvre ? Un
« des journaux intransigeants leur a dit derniè-
« ment leur fait en ces termes : — Leur idéal
« serait qu'une République modérée comme celle
« de M. Thiers, ou un septennat comme celui de
« M. Mac-Mahon, permît d'attendre, sans trop
« de dommage pour la religion et la propriété,
« la vacance du trône. — Le vrai fond de la que-
« relle entre les royalistes pourrait bien être
« dans ces quelques mots. » (John Lemoinne.)

Les événements ont marché depuis que ces
lignes furent écrites ; de plus en plus la situation s'est dessinée ; et, comme pour rendre toute
excuse impossible, le roi a nettement tracé à
chacun son devoir. Et cependant il reste encore
des *royalistes à faux nez* ; comment ne voient-
ils pas qu'ils n'obtiendront rien de ce régime et
qu'ils se compromettent gravement vis-à-vis de
celui qui lui succèdera ?

DEUXIÈME PARTIE

CHOIX D'UNE OPINION

CHAPITRE PREMIER

La République.

> « Tout le monde veut gouverner ;
> « personne ne veut être citoyen ;
> « où donc est la cité ? »
> MABLY.

De tous les chapitres de cet ouvrage, celui-ci pourrait être le plus long ; il sera peut-être le plus court ; à quoi bon, en effet, se mettre en frais d'argumentation pour démontrer qu'il fait jour en plein midi ? Le meilleur moyen de prouver le mouvement, c'est de marcher ; et rien ne permet d'apprécier un arbre comme d'en goûter les fruits. Or, nous avons sous les yeux la République et son œuvre de chaque jour, et nous mettons au défi tout honnête homme et tout bon

Français de s'en déclarer satisfait. Cependant, pour nous conformer jusqu'au bout à notre plan, nous examinerons brièvement le régime républicain au double point de vue du principe et de l'histoire.

*
* *

La république est la mise en pratique du système électif au lieu du système héréditaire que représente la monarchie. Le souverain, c'est le nombre ; le nombre qui est bien un intérêt auquel la monarchie fait sa part en lui donnant le droit de contrôle, mais qui, s'il devient le maître unique et absolu, aboutit forcément au despotisme et à l'immoralité.

Au despotisme, parce que le nombre est brutal et exclusif ; on est vainqueur avec la majorité ou vaincu avec la minorité, et pour trancher une aussi redoutable question, une voix peut suffire. On sait par suite de quelles circonstances louches et encore inexpliquées la République actuelle fut votée à une voix de majorité ; et c'est le comble de l'ignominie que les destinées d'un grand pays comme la France puissent être à la merci de l'ingéniosité fureteuse et *inventrice* de deux obscurs citoyens tels que l'ex-député Girerd et son séide Levaillant. N'y aurait-il pas là ample matière à condamner sans appel un régime où de pareilles monstruosités sont les conditions mêmes de son existence ?

A l'immoralité, parce que dans cette course au clocher, dans cette chasse aux suffrages

qu'on appelle une campagne électorale, ce n'est
pas le plus digne qui l'emporte généralement,
c'est le plus hardi ou le plus menteur. Que chacun
regarde autour de soi, il s'en convaincra facilement. D'ailleurs, qui voudrait se donner le ridi-
cule de prétendre que les cinq cent cinquante
députés actuels sont les plus intelligents, les
plus honorables et les plus désintéressés des
trente-trois millions de Français ?

*
* *

Issue d'un faux principe, la République est
vouée au mensonge perpétuel.

Elle a menti en se couvrant de la devise :
« Liberté, égalité, fraternité, » car jamais il n'y
a eu tant de contrainte, tant de divisions, tant
de jalousies et tant de haines que sous un
régime où la raison d'Etat absorbe les intérêts
privés ; où l'on a inventé les appellations de
nouvelles couches et de classes privilégiées pour
empêcher l'union des honnêtes gens qui consom-
merait bientôt la ruine de la République ; où le
combat pour la vie, c'est-à-dire pour les places,
est forcément entretenu par la nécessité de détruire son voisin pour lui succéder.

Elle a menti en disant qu'elle est la pro-
motrice du mouvement national de 1789 ; car
c'était bien un mouvement *national*, et non
point révolutionnaire, qui, de par le consente-
ment et sur l'initiative du Roi, entraînait la
nation vers les réformes nécessaires. L'assemblée de 1789, légalement réunie, était royaliste

et réformatrice ; celles qui lui succédèrent,
serviles instruments de la plus vile populace,
furent révolutionnaires et destructives.

Elle a menti en affirmant qu'en dehors d'elle
il n'y a pas de progrès, car la proposition contraire est manifestement la vérité. Qu'est-ce en
effet que le progrès, si ce n'est la somme des
résultats précédemment obtenus, à laquelle
viennent s'ajouter chaque jour les résultats
nouveaux ? Or, l'essence même de la République,
c'est — un républicain l'a dit, — le provisoire
perpétuel, l'instabilité continue. Les ministères
succèdent aux ministères, et chacun n'a d'autre
raison d'être que de prendre le contre-pied de
ce qu'a fait son prédécesseur. Plus de traditions,
plus de suite dans les conceptions gouvernemen-
tales ; c'est un travail de Pénélope où se con-
sument sans profit l'activité et les ressources du
pays.

Tel est le résultat logique du système républicain, et l'histoire, sur ce point, donne à la
théorie la plus éclatante confirmation.

Jamais en aucun temps, ni chez aucun peuple,
la république n'a fait un Etat prospère. Les
républiques de l'antiquité avaient une organisation éminemment aristocratique, car elles sont
toutes fondées sur l'esclavage, institution assu-
rément fort peu démocratique. La plus puissante
de toutes, et celle qui étendit le plus loin son
autorité, la république romaine, n'avait guère
par le fait que des *sujets* sur lesquels pesait

l'intolérable joug du peuple-roi (*populus latè regens*) ; et dès que le titre de *citoyen* fut plus facilement concédé, dès que le mot de *république* se rapprocha du sens que nous lui donnons aujourd'hui, il fallut recourir aux dictateurs, aux triumvirs ou aux Césars.

Les républiques du moyen-âge offrent un spectacle bien fait pour dégoûter à jamais de cette forme de gouvernement ; et quant aux républiques modernes, on les a toutes énumérées quand on a nommé la Suisse et les Etats-Unis ; car ce serait triompher à bon compte que de mentionner ces foyers d'anarchie de l'Amérique du Sud où les assassinats et le pillage sont des actes ordinaires de la vie publique et privée. La Suisse, peu considérable si on l'envisage dans sa totalité, est encore morcelée comme en une quantité de petites républiques distinctes, et d'ailleurs la configuration de son territoire, la nature de son industrie et sa situation d'enclave au milieu de puissants voisins en font un peuple à part. Les Etats-Unis ne sont pas non plus une république au sens propre du mot ; c'est une confédération de districts immenses et que séparent les différences de climats, de mœurs, d'intérêts et de législation. Que ces vastes terrains, encore à peine explorés, viennent à se couvrir d'habitants, que la Confédération devienne une de ces républiques unitaires comme est le régime actuel de la France, et l'on pourra voir ce que deviendra cette constitution vieille à peine de cent ans, espace bien court dans la vie d'une grande nation.

Voilà ce que nous apprend l'histoire universelle ; faut-il interroger l'histoire de France
et lui demander les titres de la République à
notre reconnaissance et à notre attachement ?
Une plume éloquente va nous les résumer en
quelques lignes :

« La République a tous ses berceaux dans
« une émeute. Préparée pendant deux ans par
« la longue série des violences qui commencent
« à la prise de la Bastille et asservissent l'As-
« semblée constituante à tous les caprices de la
« démagogie parisienne, elle naît le 10 août 1792 ;
« elle est baptisée dans le sang des massa-
« cres de septembre ; elle se prolonge par la
« Terreur ; elle végète ignominieusement avec le
« Directoire ; elle finit ridiculement au 17 bru-
« maire. Cinquante ans plus tard, une sédition
« l'impose de nouveau à la France stupéfaite ;
« et, dès les premières semaines, les allures,
« les procédés, le langage des vainqueurs sont
« tels que, visiblement, il faut les museler ou
« périr. Toutes les forces conservatrices du pays,
« réunies contre eux, réussissent péniblement à
« les vaincre ; elles ne réussissent ni à les dé-
« sarmer, ni à faire de la République une
« chose qui vive, qui marche, qui rassure ; et,
« plutôt que de prolonger un essai désastreux,
« la France se livre à un aventurier dont elle
« avait, dix ans auparavant, sifflé les ridicules
« coups de main. Enfin, comme si aucune tache
« ne devait manquer au passé de la Répu-
« blique, c'est dans la France envahie, c'est

« devant l'ennemi aux portes de Paris, qu'elle
« reparaît une troisième fois, pour substituer
« un intérêt de parti à l'intérêt de la défense
« nationale, et pour livrer le pays on sait à
« quels préfets, à quelles gardes civiques et à
« quelles communes. » (*La Solution*, par A. de
Margerie.)

*
* *

Avec la logique implacable des événements,
la République continue sa marche ; Gambetta
vient d'entrer au pouvoir, et quand il aura
accompli sa part de destruction, quand à son
tour il aura prononcé son *non possumus*,
Clémenceau et les autres achèveront son ouvrage... à moins que ne vienne à se réaliser
le triomphe du Droit entrevu par un révolutionnaire qui a tant contribué à préparer le
régime actuel :

« Je crois au suffrage universel, c'est ma
« foi ; mais je crois aussi qu'il y a quelque
« chose de supérieur au suffrage universel, qui
« pourrait se tromper, c'est le droit éternel de
« la justice ; c'est ce je ne sais quoi, qui est la
« conscience humaine, qu'on ne viole pas impu-
« nément et qui finit toujours par prévaloir
« malgré la majorité. »
(Discours de Ledru-Rollin à l'Assemblée
nationale, séance du 9 juin 1849.)

CHAPITRE DEUXIÈME

L'Empire.

« Aucun État ne peut être orga-
« nisé d'une manière stable, si ce
« n'est point une véritable prin-
« cipauté ou une véritable répu-
« blique, parceque tous les gou-
« vernements placés entre les
« deux sont défectueux. »
                              MACHIAVEL.

Le système impérialiste ne résiste pas au moindre effort de la raison ; il ne repose sur aucun principe, ou, ce qui est tout un, il a pour base deux principes qui s'entre-détruisent réciproquement : l'élection, l'hérédité. Il n'y a, en effet, que deux systèmes de gouvernement : le régime électif qui remet au vote direct ou médiat la direction des affaires et jusqu'au choix du chef de l'Etat ; et le régime héréditaire qui assure, par voie de succession, la continuité et la stabilité du pouvoir. Il faut opter pour l'un ou pour l'autre ; il faut être *révolutionnaire* avec le premier, ou *conservateur* avec le second, —

car tel devrait être l'unique sens de ce mot dont
on a abusé au point de lui enlever toute significa-
tion. L'hérédité est un principe, et comme tel
ne s'atténue pas ; qui l'interrompt et la confisque
par sénatus-consulte, plébiscite ou coup de force,
viole à la fois les deux principes, le principe
héréditaire et le principe électif ; et un gouvernement qui doit son origine à un attentat de ce
genre, outre qu'il est dépourvu de point d'appui,
se met hors de toute loi humaine. Or, c'est le
cas de l'Empire, qui est deux fois usurpateur : à
la France conservatrice-monarchiste il a volé
l'hérédité ; aux révolutionnaires-républicains il a
volé la souveraineté du suffrage universel.

L'appel au peuple et l'hérédité sont deux
termes qui s'excluent ; aussi la théorie impérialiste, qui comporte ces deux principes, existe
bien comme moyen d'exploitation et de duperie,
mais elle ne peut être considérée comme une
formule politique ; deux impérialistes autorisés
vont nous en faire la démonstration.

M. Granier de Cassagnac père écrivait peu de
temps avant sa mort :

« Si un jour le prince Jérôme parvient à l'em-
« pire, ce n'est pas à son rang d'aîné dans la famille
« des Napoléons qu'il le devra, mais au choix
« libre du peuple directement consulté ; son rang
« est un honneur, mais il n'est pas un droit ! Le
« peuple peut choisir le successeur du Prince impé-
« rial en dehors, au-dessus, à côté du prince Jé-
« rôme Napoléon. Il peut choisir partout. On peut
« dire d'un peuple cherchant le souverain le plus

« digne, ce que Moïse disait de Dieu organisant le
« chaos : « Son esprit souffle où il veut, *spiritus*
« *flat ubi vult.* »

Et M. Prax-Paris énonçait de son côté la
doctrine suivante :

« L'hérédité en principe est indépendante de
« tout nouveau plébiscite, elle émane de la délé-
« gation héréditaire initiale. Sa transmission
« s'opère dans les règles fixées par les consti-
« tutions impériales.
« L'appel au peuple n'est qu'une consultation
« facultative et possible du peuple sur une dé ces
« questions d'ordre constitutionnel, politique ou
« social, que les événements posent à certains
« moments de la vie d'une nation ; mais non point
« une nécessité quotidienne, annuelle ou pério-
« dique, pour un pouvoir qui n'a à demander la
« durée qu'à l'hérédité. »

Eh bien, pour tout homme de bonne foi, il n'y
a pas là deux conceptions différentes de la même
doctrine, il y a deux doctrines exclusives l'une
de l'autre ; ce ne sont pas deux impérialistes qui
envisagent, chacun selon son tempérament, un
même régime politique, mais deux adversaires
irréconciliables ; le premier est républicain, le
second légitimiste ; républicain usurpateur, légitimiste révolté, c'est vrai, mais qui n'en
donnent pas moins la formule exacte des deux
régimes.

*
* *

Si les impérialistes manquent d'un principe pour étayer leurs prétentions, on ne peut nier qu'ils n'aient des traditions et qu'ils n'y soient demeurés fidèles.

Les deux Napoléon qui usurpèrent le trône commencèrent l'un et l'autre par le parjure; le premier écrivait au citoyen Carnot : « On n'arrivera à tuer la République qu'en marchant sur mon cadavre; » et le second s'écriait en pleine Assemblée nationale : « Je ne puis souffrir qu'on m'accuse de projets contre la République qui a reçu mes serments. »

L'un et l'autre finirent par l'invasion et le démembrement; car si la France ne fut pas morcelée dès 1815, elle le dut uniquement à Louis XVIII, en dépit de cette grotesque fable des fourgons de l'étranger que créa l'inepte ignorance et la cynique mauvaise foi des républicains et des bonapartistes.

*
* *

Pense-t-on que ces deux régimes n'aient pas suffisamment déshonoré et désolé la France, et voudrait-on lui faire subir un troisième empire ? Ce que serait cette nouvelle épreuve, c'est le prétendant lui-même qui va nous l'apprendre, et lui non plus n'a jamais varié.

Le 22 février 1862, le prince Napoléon disait au Sénat :

4*

« Messieurs, permettez-moi de faire l'esquisse
« de l'Empire tel que je le comprends. Pour moi,
« l'empire c'est *l'instruction populaire* répandue
« sans limite, *sans être donnée par les Congré-*
« *gations religieuses… ; c'est la destruction du*
« *bigotisme* du moyen âge qu'on voudrait nous
« imposer… Je n'ai pas pris la parole pour mon
« plaisir, mais je l'ai fait comme un devoir, lorsque
« j'ai cru que l'explication que l'on donnait de
« l'empire était mauvaise, fâcheuse, fatale, et j'ai
« voulu, avec le peu d'autorité qui peut s'attacher
« à ma parole, la relever. Entendez bien mon
« sentiment. *Je suis du parti de la Révolution*
« *tant en France qu'en Europe.* Je souhaite que
« le gouvernement de la Révolution reste dans les
« mains des hommes modérés ; mais quand ce
« gouvernement passera dans les mains d'hommes
« ardents, fût-ce les radicaux, je n'abandonnerai
« pas ma cause pour cela : *je serai toujours du*
« *parti de la Révolution.* »

Trois ans plus tard, dans son fameux discours
d'Ajaccio, il reprenait sa thèse de sectaire :

« Il s'agit aujourd'hui, pour tous les partisans
« de l'esprit moderne, d'enlever cette dernière
« forteresse du moyen âge, *Rome aux mains du*
« *Pape ;* c'est *le dernier foyer de la réaction*
« *contre notre société.* »

Et il ajoutait :

« L'Autriche, c'est le repaire du catholicisme
« et de la féodalité ; il faut donc l'abattre et

« l'écraser. L'œuvre a été commencée en 1859 ;
« elle doit être achevée.

« La France impériale doit donc rester l'en-
« nemie de l'Autriche, et doit être *l'amie et le*
« *soutien de la Prusse*, la patrie du grand Luther,
« et qui attaque l'Autriche par ses idées et par
« ses armes ; elle doit soutenir l'Italie qui est le
« centre de la Révolution dans le monde, en
« attendant que la France le devienne, et qui a
« la mission de *renverser le catholicisme à*
« *Rome,* comme la Prusse a pour mission de le
« détruire à Vienne. *Nous devons être les alliés*
« *de la Prusse et de l'Italie.* »

Quel patriotisme et quelle prévoyance !

En 1876 il n'avait pas changé, et le futur 363
ne tenait pas d'autre langage que le sénateur
de l'Empire :

« Ce que je vous demande, s'écriait-il, c'est
« un point d'arrêt politique. Arrêtez-vous ! Il est
« impossible que la France soit la seule puissance
« cléricale de l'Europe. Non, cela ne se peut pas.
« Il y a en présence deux politiques : la politique
« de la société civile et de l'avenir, et la poli-
« tique de la réaction sous toutes ses formes, la
« politique du passé qui a pour drapeau le dra-
« peau clérical. Ne suivez pas ce drapeau. Quant
« à moi, je resterai toujours fidèle aux grands
« principes de la Révolution. »

Il leur est effectivement resté fidèle jusqu'à
l'approbation publique et spontanée des infâmes

décrets du 29 mars, plus criminel en cela que les Constans et les Cazot, obscurs instruments des loges et des clubs.

Tel est le prince dont le journal de M. Rouher disait, en faisant une allusion indirecte aux scandales de sa vie privée :

« Prince rebelle, prince sans famille, sans « drapeau, *sans honneur*, courant les aventures « *dans les guilledous républicains.* »

Tel est le prince que M. Paul de Cassagnac a flétri en ces termes énergiques :

« On a vu (dans la séance où fut prononcé le « discours de 1876 dont nous avons cité plus haut « la conclusion) un prince du sang impérial mentir « à son nom et *apporter aux ennemis de sa race* « *le concours de sa parole empoisonnée.* »

« Engraissé par l'Empire, il n'a pas même eu « la reconnaissance de l'embonpoint.

« Et il est venu faire un début oratoire à la « fois *contre Dieu, contre l'Empire et contre les* « *honnêtes gens.*

« Depuis longtemps Dieu passait déjà pour « être son ennemi.

« *Trop lâche* pour tenter une attaque de front, « il a rampé dans l'ombre ; embusqué dans les « plis du manteau impérial, il tirait sur tout ce « qui nous était cher, sur le pouvoir, sur *la* « *famille, sur la religion.*

« Mais rien n'y faisait.

« Son *déshonneur* demeurait personnel et ne « remontait pas plus haut.

« L'aigle n'avait rien de commun avec ce *vau-*
« *tour immonde.*

« Et l'aigle s'envola, et le vautour resta sur le
« charnier.

« Chacun était à sa place désormais.

« Hier on l'a vu faire craquer la tribune sous
« ce ventre qu'enflèrent les bienfaits de l'Empire.

« Par une phrase *odieuse, mensongère,* il a
« mis sur le parti catholique la responsabilité de
« la perte de l'Alsace et de la Lorraine.

« Malheureuses provinces, qui ne s'attendaient
« pas, *comme excès d'humiliation,* à être défen-
« dues par cet homme !

« Il était général de division, il avait une épée
« au côté, ce prince, quand l'Alsace et la Lor-
« raine couraient le suprême danger, et on ne le
« vit sur aucun champ de bataille.

« Mais, ce qui nous console, c'est qu'enfin les
« voiles sont tombés, le *masque de César est à*
« *bas et ne cache plus le traître.*

« Hier, et d'une façon définitive, il est sorti de
« l'Empire, *laissant sa couronne de prince* dans
« le ruisseau.

« Et la dynastie impériale épurée, soulagée,
« rayonnera d'un nouvel éclat, n'ayant plus à
« redouter qu'à Auguste vienne à succéder
« Vitellius. »

Nous ne savons où M. de Cassagnac prend
Auguste, mais pour ce qui est de Vitellius, il l'a
et il le gardera, tant qu'il refusera de rentrer
dans la vérité historique. Le fils de Napoléon III
est mort, et le seul prétendant à l'Empire est ce

prince à qui la presse impérialiste tout entière a prodigué l'expression de son dégoût et de son mépris, la veille même de la catastrophe, impossible à prévoir, du Zululand.

S'il reste encore des Français qui, sans être aveuglés par des convoitises égoïstes, souhaitent le retour de l'Empire, c'est à désespérer d'un pays capable de méconnaître à ce point les leçons de la Providence.

CHAPITRE TROISIÈME

L'Orléanisme, ou Parlementarisme.

Ex nihilo nil fit.

Lucrèce.

L'orléanisme, en tant que parti de gouvernement, a cessé d'exister le 5 août 1873 ; c'est là
un fait matériel, et par conséquent à l'abri de
toute discussion.

Tout le système de ces politiciens indifférem-
ment désignés sous le nom d'orléanistes ou de
parlementaires, était contenu dans un mot :
fusion ; mais comment fusionner la Révolution
avec le Droit, à moins de tomber dans un de ces
régimes hybrides dont l'Empire vient de nous
offrir l'image ?

Si M. le comte de Chambord avait accepté le
marché qui lui était proposé en 1848 comme en
1873, il abdiquait, cédait ses droits, — qui ne
sont pas les siens mais ceux de la nation, — à
l'un de ses cousins. C'est précisément ce que
voulaient les parlementaires qui auraient dirigé
à leur guise un roi devenu leur créature.

Cette tactique a été déjouée par la fermeté e
l'inattaquable loyauté de M. le comte de Cham
bord ; et le 5 août 1873, les princes d'Orléans
en la personne du comte de Paris et du duc d
Chartres qui avaient reçu mission de la famille
ont fait la seule fusion possible, ils se son
soumis. Dès lors il n'y a plus d'orléanistes, e
ceux qui persévèreraient dans leurs ancien
errements, ne pourraient compter que sur ui
prince qui se prêterait à leurs calculs malgré l
désaveu des chefs de la famille, et qui ne crain
drait pas de greffer une révolution sur une autr
révolution.

*
* *

Mais de ce que l'orléanisme ne puisse plu
être compté au nombre des partis de gouverne
ment, s'ensuit-il qu'il ne subsiste plus à l'éta
de coterie ? Examinons quels peuvent être d
ce côté les moyens d'action et de prosélytisme

« Ceux-là, dit Joubert, aiment la République
« qui veulent gouverner ; mais ceux qui veulen
« être bien gouvernés n'aiment que la monar
« chie. »

Là est tout le secret de l'histoire des di
dernières années ; les libéraux du parlementa
risme ont écarté le Roi qui refusait d'être ui
instrument dans leurs mains ; ils ont prolongé
l'existence d'une République où ils avaien
espoir de gouverner, et ils ne consentiront à

échanger cette république de nom que contre une autre république de fait qu'ils appellent monarchie parlementaire.

*
* *

La devise du parlementarisme est la formule célèbre : « Le roi règne et ne gouverne pas. » Or, si le roi ne gouverne pas, il est bien plus simple de le supprimer. Telle sera forcément la conclusion de la logique la plus élémentaire. D'où il suit que le parlementarisme est la préface obligée et la préparation immédiate de la République, comme on l'a vu en 1790, 1848 et 1871 ; il est plus franc de se dire républicain dès l'abord.

*
* *

Ce sont là des considérations de simple bon sens qui auront toujours plus d'accès auprès du peuple que les subtilités alambiquées des doctrinaires ou des académiciens du Parlement.

*
* *

Il y a une catégorie de politiciens qu'il nous est impossible de ne pas nommer à la fin de ce chapitre, ce sont les Royalistes sans le Roi.

Cette petite église dissidente se compose de gens dont la conscience se refuse à nier les droits de M. le comte de Chambord, qui ne veulent point rompre directement avec leur conscience, et qui cherchent un biais. Ce biais, ils ont cru le

trouver dans la fusion, non pas cette fusion, la
seule logique et la seule possible, qui a eu lieu
effectivement en 1873, et qui est la soumission
de la branche cadette au chef de la famille des
Bourbons ; mais au contraire la soumission de
M. le comte de Chambord au fait et au programme de la monarchie de juillet.

Que peuvent espérer aujourd'hui les partisans
d'un pareil système ? M. le comte de Chambord
a prononcé cette double parole :

« Je n'abdiquerai pas. »

« Je ne serai jamais le roi légitime de la
« Révolution. »

Compteraient-ils donc, comme les orléanistes
malgré les princes d'Orléans, sur la trahison de
l'un des membres de cette famille ? S'il était
permis, sans injure et sans calomnie, d'admettre
une pareille supposition, il faudrait encore rechercher quelle pourrait être l'autorité d'un
pareil régime.

CHAPITRE QUATRIÈME

La Monarchie légitime.

« La forme sociale et politique
« dans laquelle un peuple peut entrer
« et *rester*, n'est pas livrée à son ar-
« bitraire, mais déterminée par son
« caractère et son passé. »

TAINE.

L'auteur du savant ouvrage intitulé *La Souveraineté nationale,* M. Th. Hamon, établit ainsi
la supériorité de la monarchie sur tous les autres
régimes :

1° Le but du gouvernement, détenteur de la
souveraineté, c'est le bien commun, et, dans le
bien commun, le bien individuel ; or ce bien ne
subsiste dans son intégrité qu'à proportion de
son inviolabilité dans les mains d'un seul.

2° La transmission héréditaire est conforme au
penchant de la nature.

3° Le monarque, rendu solidaire du bien commun, est naturellement porté à y donner tous
ses soins.

4° L'inamovibilité, réclamée pour les juges in-
férieurs, est plus indispensable encore pour le
grand justicier de l'Etat, redresseur né de tous
les torts, et arbitre suprême des conflits d'intérêts.

5° Le gouvernement personnel fixe et limite la

responsabilité, et l'hérédité la perpétue ; or, la responsabilité engage la conscience, qui est, entre les règles humaines, la loi suprême.

Ces arguments, empruntés à la raison pure, et que les proportions de ce travail nous forcent à résumer dans une formule courte et sèche, prêteront néanmoins au penseur la matière des plus riches développements.

*
* *

Donc, en thèse générale, la monarchie, dans le sens complet du mot, et non pas ces contre-façons de monarchie dont nous avons précédemment esquissé le tableau, est la forme la plus parfaite de gouvernement ; en France, c'est le gouvernement *naturel* et partant *légitime,* celui qui a présidé à la naissance de notre pays, à son développement, et qui lui a permis de fournir dans le cours des siècles une carrière si manifestement providentielle et si désastreusement interrompue par les révolutions.

« Les peuples, comme les individus, a écrit « Mgr Pie, ne grandissent et ne durent qu'en se « conformant aux lois qui ont présidé à leur « naissance et à leur formation première. »

Et le libre-penseur, le sceptique dont nous avons inscrit le témoignage en tête de ce chapitre, se rencontre presque mot pour mot avec l'illustre cardinal pour proclamer la vérité qui entraîne forcément ce corollaire : « Nécessité « pour la France de revenir à la monarchie tradi-« tionnelle. »

*
* *

La légitimité de la monarchie française consiste dans l'accord naturel, ou, pour mieux parler, providentiel, de la nation avec ses rois; et cet accord n'était pas seulement implicite; il avait aux yeux des deux parties contractantes le caractère d'une convention parfaitement définie. Nous en trouvons la preuve à toutes les époques de l'histoire.

Cette vérité que l'autorité royale procède d'un pacte entre le souverain et la nation, peut-elle être mise en relief mieux que ne l'a fait Philippe-Auguste au matin de la bataille de Bouvines?

Il dit à son armée :

« Vous êtes tous mes hommes et je suis votre « roi; je vous ai moult aimés et porté grand « honneur, et donné du mien largement, et « oncques ne vous fis tort ni déraison, mais « toujours vous ai fait justice. Pour ce, je prie « vous tous que gardiez mon corps, mon hon- « neur et le vôtre. Et si vous voyez que la cou- « ronne soit mieux placée en l'un de vous qu'en « moi, je m'y octroie volontiers et je le veux de « bon cœur et de bonne volonté. »

Et l'armée répond :

« Non, Dieu merci! nous ne voulons d'autre « roi que vous, et nous sommes tous prêts à « mourir pour vous. »

5*

François Ier écrivait de sa prison de Madrid :

« Qu'on s'empresse de couronner et oindre mon
« fils *assujetti* à la couronne. — Mes amis et
« braves sujets, je vous recommande mes petits
« enfants, qui *sont les vôtres et de la chose pu-*
« *blique.* Heureux si, pour l'heur de son pays,
« toute sa vie devoit demeurer en prison.

« Vostre roy,

« FRANÇOYS. »

Le peuple n'avait pas une idée moins nette du
pacte fondamental de la monarchie; la déclara-
ration des Etats de 1484 portait :

« Par l'accoustumance qu'on a d'avoir obéi
« aux prédécesseurs du roy, pour les biens qu'on
« a reçus d'eux, pour les grandes victoires qu'ils
« ont remportées sur les ennemis du peuple, qui
« pillaient ledit peuple et le tenaient en servi-
« tude; pour ces causes, il y a en un bon peuple
« une *inclination divine et naturelle* à être plus
« unis, plus forts et plus encouragés quand on a
« un roy. Aussi l'espérance et le regard du peu-
« ple est au roy. En lui consiste le salut et la
« force du peuple. »

Et les cahiers des bailliages en 1789 disaient :

« Le souverain, en France, c'est la nation
« jointe au monarque et présidée par lui. »

Comme cette conception gouvernementale paraît grandiose et féconde, si nous la comparons

aux violences et aux mensonges de la République, à la fausse démocratie impériale, et aux chinoiseries du parlementarisme !

*
* *

Il est facile de concevoir que la monarchie traditionnelle, assise sur cette base solide, donne aux rois légitimes une force incomparable pour réprimer les mutineries du dedans et pour se faire craindre et respecter au dehors. Napoléon Ier, qui personnifiait la force à un degré qui n'a jamais été surpassé, était profondément pénétré de cette pensée qui le tourmentait au milieu de sa gloire et qui lui revenait avec une amertume singulière dans les jours d'adversité. Nous en trouvons la preuve dans ce curieux passage des *Mémoires du prince de Metternich* récemment publiés :

« Un de ses regrets *les plus vifs et les plus* « *constants* était de ne pas pouvoir invoquer *le* « *principe de la légitimité* comme base de sa « puissance. *Peu d'hommes ont plus profondé-* « *ment senti que lui combien l'autorité, privée* « *de ce fondement, est précaire et fragile,* et « combien elle prête le flanc aux attaques. Tou- « tefois, il ne manquait aucune occasion pour « protester envers moi, avec empressement, « contre ceux qui pourraient s'imaginer qu'il « occupait le trône de France en qualité d'usur- « pateur. — « Le trône de France, m'a-t-il dit « plus d'une fois, était vacant. Louis XVI n'a pas

« su s'y maintenir. Si j'eusse été à sa place, la
« Révolution, — malgré les progrès immenses
« qu'elle avait faits dans les esprits sous les
« règnes précédents — ne se serait jamais con-
« sommée. Le roi tombé, la République s'est
« emparée du sol de la France ; c'est elle que
« j'ai déplacée. L'ancien trône était enseveli
« sous ses décombres ; j'ai dû en fonder un
« nouveau. Les Bourbons ne sauraient régner
« sur cette création ; ma force consiste dans ma
« fortune ; je suis nouveau comme l'empire ; il
« y a donc entre l'empire et moi homogénéité
« parfaite. »

« Cependant, j'ai souvent pensé qu'en s'expri-
« mant ainsi, Napoléon ne cherchait qu'à s'é-
« tourdir ou à dérouter l'opinion, et la démarche
« directe qu'il fit envers Louis XVIII en 1804,
« semble confirmer ce soupçon. Me parlant un
« jour de cette démarche, il me dit : — « La
« réponse de Monsieur était noble, elle était
« pleine de fortes traditions. Il y a dans les
« *légitimes* quelque chose qui ne tient pas au
« seul esprit. Si Monsieur n'avait consulté que
« son esprit, il se serait arrangé avec moi, et je
« lui aurais fait un sort magnifique. »

Ils devraient se rappeler ce trait caractéristique du caractère de leur grand empereur, ces
gens qui résument ainsi toutes leurs convictions
politiques : « Je suis bonapartiste, parce que
pour sauver notre malheureux pays, il faut un
sabre. »

Un sabre ? est-ce au sens propre du mot qu'on

l'entend ? Mais les campagnes dirigées par nos rois ne sont-elles pas autrement nombreuses et tout aussi glorieuses que celles de Napoléon Ier et de Napoléon III ? Nous aurons même la générosité de ne pas faire intervenir ici le prince Napoléon Jérôme. Les armes des rois ont conquis une à une les villes et les provinces qui constituent la France ; elles nous ont légué dans ce siècle l'Algérie, cette nouvelle France aujourd'hui si compromise ; les armes impériales n'ont amené que l'invasion et le démembrement.

Un sabre? veut-on simplement par ce mot symboliser la force ? C'est alors tomber dans un matérialisme aussi dégradant qu'illusoire. Un régime qui n'a d'autre agent de persuasion que le gendarme, et dont l'*ultima ratio* est la prison, Cayenne et Lambessa, pourra terroriser un instant ; mais on ne peut attendre de lui que cette paix définie par Tacite : « *Ubi solitudinem faciunt tranquillitatem appellant.* » La vraie force d'un gouvernement, soit auprès de ses sujets, soit auprès de l'étranger, réside dans son principe ; l'histoire contemporaine fournit une éclatante confirmation de cette vérité.

* *

Rien de plus frappant, en effet, et rien de plus inexplicable pour ceux qui placent l'idéal de la force dans le sabre, que le rôle joué par la France au Congrès de Vienne en 1814.

Voilà un pays désarmé et réduit à l'impuissance, qui n'avait pas même le droit d'exiger une place au milieu des plénipotentiaires char-

gés de prononcer définitivement sur ses destinées ; et non seulement le représentant de
ce pays est admis aux délibérations, non seulement il y fait fière figure, mais il prend en
mains la cause des petits Etats, la Saxe, la
Pologne, et il entraîne les résolutions de ces
étranges diplomates qui tous avaient le sabre
au côté.

C'est que le prince de Talleyrand s'appuyait
sur quelque chose de plus fort qu'un sabre
victorieux, il représentait un principe ; et les
membres du congrès subissaient l'influence de
ce principe de l'autorité légitime dont la violation avait si longtemps ensanglanté et ravagé
l'Europe.

Cette même force, bien supérieure, on le voit, à
celle du sabre, est encore à notre disposition ;
M. le comte de Chambord en est le dépositaire,
et c'est pour cela que nous devons nous tourner
vers lui comme notre dernier et unique espoir.

Notre plus redoutable ennemi, le prince de
Bismark, qui est aussi le plus clairvoyant et le
plus puissant génie politique de ce temps, ne s'y
est pas trompé ; c'est à ce double titre que son
témoignage est autorisé, et il faut toujours avoir
présente à l'esprit cette page signée du chancelier
allemand que les hasards du procès d'Arnim ont
divulguée.

Du 20 *décembre* 1872, *M. de Bismark à
M. d'Arnim.*

« .....Les choses marcheraient d'une façon qui
« ne serait pas désirable pour nous, je le crains, si

« avant le paiement de l'indemnité et l'évacuation
« du territoire français, un des prétendants s'em-
« parait du pouvoir. On nous prierait alors d'une
« façon amicale de favoriser le développement du
« jeune germe monarchique en faisant à *la monar-*
« *chie*, au point de vue du paiement et de l'évacua-
« tion, *des concessions que nous aurions refusées*
« *à la république*. Nous pourrions, il est vrai,
« refuser d'agir ainsi, mais je craindrais que
« d'autres cabinets, et notamment des cabinets qui
« nous sont sympathiques, ne nous recommandas-
« sent d'une manière plus ou moins pressante
« d'avoir *des égards pour l'élément monarchique*
« *en France*.

« Bien que l'on soit trop sage à Londres, à
« Saint-Pétersbourg et à Vienne pour croire
« qu'*une France monarchique soit moins dan-*
« *gereuse pour nous que la domination des partis*
« *républicains dans ce pays*, on aurait trop intérêt
« à faire semblant de le croire, vu les avantages
« que l'on voudrait obtenir dans un autre sens,
« pour ne pas nous faire ressentir sous ce pré-
« texte le désagrément que cause notre situation
« actuelle et le transfert des milliards de la
« France en Allemagne, incommode pour tout le
« monde excepté pour nous. Il en résulterait
« bientôt un groupement des Etats européens
« très gênant pour nous, lequel exercerait
« d'abord sur nous une pression amicale, pour
« nous faire renoncer à une partie des avantages
« que nous avons acquis.

« Il est possible qu'il se produise plus tard,
« sans cela, des phénomènes analogues ; mais

« nous n'avons certainement pas pour devoir d
« *rendre la France puissante en consolidant s*
« *situation intérieure et en y établissant un*
« *monarchie en règle, ni de rendre la Franc*
« *capable de conclure des alliances avec le*
« *puissances qui ont jusqu'à présent avec nou*
« *des relations d'amitié.*

« *L'inimitié de la France nous oblige de d*
« *sirer qu'elle reste faible,* et nous agisson
« d'une manière très désintéressée en ne nou
« opposant pas avec résolution et par la force
« l'*établissement d'institutions monarchique*
« *solides,* tant que le traité de paix de Francfo]
« n'aura pas été complètement exécuté. Mais
« notre politique extérieure contribuait sciemme]
« à renforcer par l'union intérieure l'ennemi d
« côté duquel nous devons redouter la prochai]
« guerre, et à *le rendre capable de conclure d*
« *alliances en lui fournissant une monarchi*
« on ne saurait cacher trop soigneusement l*
« actes accomplis dans ce sens ; car ils caus
« raient dans toute l'Allemagne un mécontent
« ment juste et véhément, et exposeraient peu
« être à des poursuites de la part de la justi*
« criminelle le ministre responsable qui aura
« suivi une politique si hostile au pays.....

« .... Je suis persuadé qu'aucun Français]
« songerait jamais à nous aider à reconquérir *l*
« *bienfaits d'une monarchie,* si Dieu faisait pes*
« sur nous les *misères d'une anarchie républ*
« *caine.* C'est une qualité éminemment all
« mande que de montrer une pareille bienvei
« lance pour le sort d'un voisin ennemi. Mais

« gouvernement de Sa Majesté a d'autant moins
« de raisons de suivre ce penchant naturel, que
« tout le monde connaît les conversions colossales
« opérées depuis l'*experimentum in corpore vili*
« fait avec la Commune sous les yeux de l'Eu-
« rope. Des rouges sont devenus des libéraux
« modérés, et ceux-ci sont devenus des conser-
« vateurs. La France nous sert d'exemple salu-
« taire.

« Si la France représentait devant l'Europe
« un second acte du drame interrompu de la
« Commune (chose que je ne désire point par
« humanité), elle contribuerait à faire apprécier
« davantage aux Allemands les bienfaits d'une
« constitution monarchique et augmenterait leur
« attachement aux institutions de la monarchie.
« Nos besoins exigent que la France nous laisse
« en paix et que nous l'empêchions, au cas où
« elle ne voudrait pas respecter la paix conclue,
« de trouver des alliances. Tant qu'elle n'a pas
« d'alliés, nous n'aurons rien à craindre d'elle.
« Tant que les monarchies marchent d'accord, la
« république ne pourra rien leur faire.

« C'est pour cette raison que la République
« française trouvera très difficilement un allié
« parmi les États monarchiques. *Ceci est ma con-*
« *viction, et elle m'empêche de conseiller à Sa*
« *Majesté de contribuer à encourager le droit*
« *monarchique en France*, qui implique pour
« nous un raffermissement de l'élément ultramon-
« tain, qui nous est hostile.

« *Signé :* DE BISMARK. »

Et ce n'est point une monarchie quelconqu
dont l'*ennemi* héréditaire redoute le rétablisse
ment chez nous ; l'empire lui est assez indifférent
ainsi que le prouve cet autre document dû égale
ment aux révélations du procès d'Arnim :

*Dépêche de M. de Bismark à M. d'Arnin
concernant la situation des partis politique
en France, n° 99, confidentielle.*

« ..... Parmi les divers partis qui se disputent l
« domination, le *parti impérial bonapartiste es
« probablement celui avec l'aide duquel on pour
« rait encore se flatter le plus raisonnablemen
« d'établir des rapports tolérables entre l'Alle
« magne et la France.* Notre première règle rest
« naturellement toujours de soutenir le gouverne
« ment actuel, aussi longtemps qu'il représent
« pour nous la volonté d'exécuter loyalement l
« traité de paix. Ce qui viendra après lui devr
« se légitimer de nouveau vis-à-vis de nous en c
« sens. *Nous n'avons aucun motif pour exclur
« le parti bonapartiste ou pour faire quoi qu
« ce soit qui puisse l'affaiblir, lui nuire aux yeu
« de la nation, ou rendre sa position plus diff
« cile.* Mais une politique qui, s'écartant de notr
« réserve, prendrait parti pour lui et le favorise
« rait, aurait certainement ce résultat...

« *Signé :* DE BISMARK. »

Voilà qui devrait achever d'édifier tout patriot
sincère et éclairé, et ce n'a jamais été mieux l
cas de rappeler cette parole :

Fas est et ab hoste doceri.

TROISIÈME PARTIE

CONCLUSION

M. de Maistre écrivait en 1807 :

« On est toujours parti de ce principe faux
« et fatal : *Il faut vaincre avant de reconnaître*
« *le Roi*. Le véritable principe était : *Pour vain-*
« *cre il faut reconnaître le Roi*. Et, comme une
« erreur n'est jamais isolée, on a constamment
« étayé la première par une seconde en disant
« qu'il ne faut jamais se compromettre ; tandis
« qu'il faut au contraire faire ce qui est bon, juste
« et noble, sans s'embarrasser de l'avenir. »

L'époque à laquelle le grand écrivain et le
profond penseur écrivait ces lignes, était l'a-
pogée de la puissance impériale ; à ceux que
lui représentaient comme une folie de songer
en un pareil moment au retour du Roi, il
répondait :

« Quelqu'un disait jadis à Copernic : — « Si le
« monde était arrangé comme vous le dites,
« Vénus aurait des phases comme la lune ;

« elle n'en a pas cependant. Qu'avez-vous à
« dire ? »

« Copernic répondit : — « Je n'ai rien à répli-
« quer ; mais Dieu fera la grâce qu'on trouve
« une réponse à cette difficulté. »

« En effet, Dieu fit la grâce que Galilée
« inventât les lunettes avec lesquelles on vit les
« phases. »

*
* *

En 1882, nous n'en sommes pas réduits à
spéculer sur une découverte à venir ; il nous
suffit d'examiner avec sang-froid les événements
passés et à en tirer la conclusion logique.

Les habiles du parlementarisme ont voulu
faire la République sans républicains ; les bonapartistes s'épuisent encore aujourd'hui à faire un
Empire sans empereur ; pourrions-nous songer
à faire la monarchie sans le Roi ?

Mais si la monarchie n'était pas ce que nous
l'avons montrée, le Roi qui la représente nous
la ferait à lui seul adopter comme le gouvernement de la délivrance et du salut.

Ce Roi veut et promet tout ce que reven-
diquent indûment les différentes écoles politiques dont nous avons étudié les théories.

*
* *

Aux hommes de l'*action purement catholique*,
il dit :

« Je m'associe également à la lutte persévé-

« rante et courageuse des catholiques de tous
« les partis en faveur de la liberté de l'enseigne-
« ment. » (22 janvier 1848.)

« Continuez à répandre parmi le peuple les
« idées de religion, de morale et d'ordre ; c'est le
« meilleur moyen de le préserver de ces funestes
« doctrines par lesquelles on cherche et l'on ne
« réussit que trop souvent à l'égarer. » (31 mars
1851.)

« Pleine liberté de l'Eglise dans les choses
« spirituelles, indépendance souveraine de l'Etat
« dans les choses temporelles : tels sont les prin-
« cipes qui, au sein des sociétés chrétiennes,
« doivent, aujourd'hui plus que jamais, régler
« les rapports des deux puissances pour le bien
« de la religion et le bonheur des peuples. »
(26 mars 1859.)

« La liberté de l'Eglise est la première condi-
« tion de la paix des esprits et de l'ordre dans
« le monde. » (8 mai 1871.)

« Protéger le Saint-Siège fut toujours l'hon-
« neur de notre parti et la cause la plus incon-
« testable de sa grandeur parmi les nations. Ce
« n'est qu'aux époques de ses plus grands mal-
« heurs que la France a abandonné ce glorieux
« patronage. » (Id.)

« Je ne ramène que la religion, la concorde et
« la paix. » (Id.)

*
* *

Aux partisans de l'*Union conservatrice :*

..... « C'est bien là cette *politique de concilia-*

« *tion, d'union, de fusion,* qui est la mienne et
« que vous (Berryer) avez si éloquemment expo-
« sée ; *politique qui met en oubli toutes les divi-*
« *sions, toutes les récriminations, toutes les*
« *opinions passées,* et veut *pour tout le monde*
« un avenir où tout honnête homme se sente,
« comme vous l'avez si bien dit, en pleine pos-
« session de sa dignité personnelle. » (23 janvier 1851.)

« Loin de repousser personne, je serai heureux
« au contraire d'accueillir tous les hommes utiles,
« *dans quelque situation politique qu'ils se soient*
« *trouvés, à quelque nuance d'opinion qu'ils*
« *appartiennent,* pourvu qu'ils apportent au
« service de l'État un zèle éclairé et un véritable
« dévouement; car, si la Providence m'appelle à
« remonter un jour sur le trône de mes pères, je
« n'aurai pas trop du concours *de tous les talents,*
« *de toutes les capacités, de tous les caractères,*
« *honorables, de tous les cœurs qui aiment sin-*
« *cèrement leur patrie,* pour m'aider à remplir
« les grands devoirs qui me seront imposés. »
(28 février 1852.)

« Est-il nécessaire d'ajouter qu'après tant de
« déchirements, un des premiers besoins de la
« France, c'est l'*union?* La seule politique qui
« lui convienne est *une politique de concilia-*
« *tion,* qui relie au lieu de séparer, *qui mette en*
« *oubli toutes les anciennes dissidences,* qui
« fasse appel à *tous les dévouements,* à *tous les*
« *mérites,* à tous les nobles cœurs qui, aimant
« leur patrie comme une mère, la veulent grande,
« libre, heureuse et honorée. » (9 décembre 1866.)

« Je n'ai ni injures à venger, ni ennemi à écarter,
« ni fortune à refaire, sauf celle de la France ; et
« je puis choisir *partout* les ouvriers qui voudront
« loyalement s'associer à ce grand ouvrage. »
(8 mai 1871.)

****

A ceux qui recherchent sincèrement, dans la
République, la liberté :

« ... Il faut que ceux de mes amis qui, comme
« vous (le vicomte de Saint-Priest), jouissent
« plus particulièrement de ma confiance et sont
« connus pour avoir avec moi des relations habi-
« tuelles, mettent tous leurs soins à éclairer les
« royalistes sur mes sentiments et mes intentions.
« Rappelez-leur donc que, dans toutes les occa-
« sions, et notamment à Londres, j'ai hautement
« manifesté ma conviction, que le bonheur de la
« France ne pourrait être assuré que par l'alliance
« sincère des principes monarchiques avec *les*
« *libertés publiques*. Tout ce qui tendra à ce but
« aura toujours mon approbation. Ainsi je vois
« avec un vif intérêt les efforts qui sont faits
« pour obtenir, dès à présent, la réforme de ces
« *lois injustes qui privent le plus grand nombre*
« *des contribuables de la participation légitime*
« qui leur appartient dans *le vote de l'impôt*, et
« qui, tenant sous le joug, par *l'exagération de*
« *la centralisation administrative*, les com-
« munes, les villes, les provinces, les *associations*
« diverses, les dépouillent des droits et des

« libertés qui leur sont le plus nécessaires. »
(22 janvier 1848.)

« ... Ce que je veux, c'est la paix, c'est le
« bonheur, c'est la gloire de la France: et, dans
« ma conviction profonde, ces graves intérêts
« ne peuvent être assurés que par le retour au
« principe qui, pendant tant de siècles, a été la
« garantie de notre ordre social et peut seul
« permettre de *donner aux libertés publiques*
« *tous leurs développements*, sans rien ôter au
« pouvoir de la force et de l'autorité qui lui sont
« nécessaires. » (Août 1848.)

« Vous savez ce que je pense de *la liberté*
« *individuelle* et *des garanties* que le sentiment
« public réclame *contre l'arbitraire*. C'est sur-
« tout dans le respect des lois, dans l'honnêteté
« et la moralité des dépositaires du pouvoir, que
« sont les véritables et les plus sûres garanties
« de ce *droit essentiel* ainsi que de tous les
« autres. » (12 juin 1855.)

« *Exclusion de tout arbitraire.* » (12 mars 1856.)

« La *liberté individuelle, religieuse,* inviola-
« bles et sacrées. » (Id.)

« Dieu aidant, nous fonderons ensemble et
« quand vous le voudrez, sur les larges assises
« de la *décentralisation administrative* et des
« *franchises locales,* un gouvernement conforme
« aux besoins réels du pays. » (5 juillet 1871.)

*
* *

Aux impérialistes, à qui s'adressent également
d'ailleurs les déclarations précédentes:

« Le nouvel empire qu'on vous propose ne
« saurait être cette monarchie tempérée et
« durable dont vous attendez tous ces biens
« (gouvernement régulier et stable, sécurité de
« tous les droits, garantie de tous les intérêts,
« *accord permanent d'une autorité forte et*
« *d'une sage liberté*). On se trompe et on vous
« trompe quand on vous les promet en son nom...

« ... Le génie et la gloire de Napoléon n'ont
« pu suffire à fonder rien de stable; son nom et
« son souvenir y suffiraient bien moins encore. On
« *ne rétablit pas la sécurité en ébranlant le prin-*
« *cipe sur lequel repose le trône,* et on ne conso-
« lide pas tous les droits en méconnaissant celui
« qui est parmi nous la base nécessaire de l'ordre
« monarchique. » (25 octobre 1852.)

*
* *

Aux parlementaires :

« Vous savez depuis longtemps les vœux que
« ma raison et mon cœur me dictent pour ma
« patrie. Est-il besoin de vous les redire ici ? Un
« pouvoir fondé sur l'hérédité monarchique, res-
« pecté dans son principe et dans son action,
« sans faiblesse comme sans arbitraire, le *gou-*
« *vernement représentatif* dans sa puissante vi-
« talité, les *dépenses publiques sérieusement*
« *contrôlées,* le règne des lois, le libre accès de
« chacun aux emplois et honneurs, la *liberté*
« *religieuse et les libertés civiles consacrées et*
« *hors d'atteinte,* l'administration intérieure dé-

« gagée des entraves d'une centralisation exces-
« sive, la propriété foncière rendue à la vie et à
« l'indépendance par la diminution des charges
« qui pèsent sur elle, l'agriculture, le commerce,
« l'industrie constamment encouragés, et au-
« dessus de tout cela, une grande chose, l'hon-
« nêteté ! L'honnêteté, qui n'est pas moins une
« obligation dans la vie publique que dans la vie
« privée ; l'honnêteté, qui fait la valeur morale
« des Etats comme des particuliers. » (9 décembre 1866.)

« La France réclame à bon droit les *garanties*
« *du Gouvernement représentatif,* honnêtement,
« loyalement pratiqué avec *toutes les libertés et*
« *tout le contrôle nécessaires.* Elle désire une
« sage décentralisation administrative, et une
« protection efficace contre les abus d'autorité.
« Un gouvernement qui fait de l'honnêteté et de
« la probité politique la règle invariable de sa
« conduite, loin de redouter ces garanties et cette
« protection doit, au contraire, les rechercher
« sans cesse. » (15 novembre 1869.)

« Nous donnerons pour garanties à ces libertés
« publiques auxquelles tout peuple chrétien a
« droit, *le suffrage universel honnêtement pra-*
« *tiqué et le contrôle des deux Chambres ; et*
« *nous reprendrons, en lui restituant son ca-*
« *ractère véritable, le mouvement national de*
« *la fin du dernier siècle.* »

*
* *

La conclusion de ce qui précède ressort d'elle-même.

D'une part, nous ne pouvons demander ni la sécurité religieuse à *l'action purement catholique;* ni l'utile emploi de nos efforts à *l'union conservatrice ;* ni la paisible jouissance de nos droits à la *République;* ni l'alliance de l'ordre et de la liberté à *l'Empire;* ni l'appui d'un gouvernement durable et fécond au *parlementarisme.*

De l'autre, tous ces bienfaits sont garantis par le programme de la monarchie légitime, et nous sont promis par un Prince dont la loyauté n'a jamais été mise en suspicion même par ses adversaires.

La monarchie nationale, représentée par Monseigneur le Comte de Chambord, s'impose non pas comme la meilleure, mais comme l'unique solution.

TABLE DES MATIÈRES

2741. — Paris, Imp. de Saint-Paul, L. Philipona, 51, rue de Lille.